ANGÉLINE.

ANGÉLINE

DRAME MORAL

EN UN ACTE ET EN VERS

PAR

Louis PÉLABON

DE TOULON.

Heureux celui qui sait, pendant sa vie immonde,
Reconnaître un moment les vanités du monde,
Et par un beau retour procurer à son cœur
Deux trésors précieux : La paix et le bonheur.

(L'AUTEUR.)

TOULON
IMPRIMERIE VEUVE BAUME. RUE NEUVE, 20.
1855.

A MADEMOISELLE LÉONIDE CONSTANS

(DE BRIGNOLES.)

MADEMOISELLE,

Ayant toujours eu à cœur de vous faire un hommage spécial de quelques-unes de mes productions littéraires, je viens vous communiquer aujourd'hui cette œuvre manuscrite pour que vous en fassiez secrètement la lecture avant de la livrer à l'impression.

Soit au titre qu'elle porte, soit au sujet qui la compose, vous reconnaîtrez facilement que ce n'est point une entière invention de mon esprit, l'écho de la légende d'Angéline, traduite de l'Anglais par le poète Andrieu, est sans doute arrivé jusqu'à vous. Vous ne trouverez donc dans l'œuvre que je vous adresse, qu'une faible part de mérite pour moi, qui est celle d'avoir osé sans prétention faire surgir des tirades scéniques du milieu des couplets d'une douce chanson, qui ne fut pas moins à mes yeux qu'un drame lyrique écrit avec beaucoup d'esprit et auquel je crois rendre hommage, quoique ma pièce se termine par un dénouement tout différent et plus tragique.

C'est en me déterminant à livrer ce petit travail à la publicité, que je viens vous prier, Mademoiselle, d'en accepter l'entière dédicace, afin que votre nom connu et aimé, contribue à faire chérir celui d'Angéline en faisant agréer à un public toujours sévère, l'œuvre que je lui offre, et pour laquelle je sollicite toute son indulgence.

Veuillez, Mademoiselle, agréer l'hommage de votre tout dévoué serviteur,

Louis PÉLABON.

Mai 1855.

A M. Pélabon.

Tes gracieux accords doux comme la prière
Ont versé dans mon cœur l'heureuse volupté,
Du séraphin qui compte au seuil du presbytère
    Les deniers de la Charité.

Sur le bord du chemin la coquette Églantine
Montre ses frais attraits au sylphe printannier ;
Et la Muse aujourd'hui fait briller Angéline
    A ton poétique collier.

Comme les boutons d'or décorent les prairies
Quand l'arôme embaumé charme le ménestrel,
Ton drame est un dessin riche de broderies
    Dont les anges ornent le ciel.

Ta plume avec génie y décrit un orage
Qui semble de Ténier le tableau si vanté
Où la nef de l'amour sombre dans un naufrage
    Illustre d'immortalité.

En te lisant, j'ai vu l'élégie à l'œil sombre
Qui pour l'amante en pleurs interroge les bois,
Et les pins désolés ensevelis dans l'ombre
    Avec des larmes dans la voix.

Un moment j'ai passé dans le temple du Gnide
Quand l'hymen parfumé ambrait l'aile du jour ;
Puis j'ai trouvé *Leucade* offrant la coupe vide
    Du nectar que verse l'amour.

Angéline sera l'histoire favorite
De la pierre de l'âtre au somptueux fauteuil ;
Et le temps qui toujours couronne le mérite
    La gardera dans son recueil.

Je suis fière d'avoir célébré son aurore,
Moi qui suis par les vers la moindre de tes sœurs ;
Oui, Pélabon, des champs où ta moisson se dore,
    J'accepte ce bouquet de fleurs.

Léonide CONSTANS.

Juin, 1855.

ANGÉLINE.

PERSONNAGES.

EDVIN, sous l'habit d'ermite. | ANGÉLINE, sous l'habit d'un homme.

La scène se passe dans une forêt déserte.

ACTE.

Le théâtre représente une modeste cabane que quelques bancs de pierre et une table singulièrement faite entourent. Au lever du rideau, Edvin se montre dans une attitude de méditation.

(L'action commence à la tombée de la nuit.)

SCÈNE PREMIÈRE.

EDVIN, seul.

Caché dans ce désert, précieuse retraite ;
Sous le modeste habit d'un pauvre anachorète,
Loin d'un sexe volage au milieu de ces bois,
De mes longues douleurs je sens tomber le poids.
Là, vivant séparé de la foule mondaine,
D'où chaque jour surgit le tumulte, la haine,
Je goûte avec bonheur dans un calme parfait,
D'un doux recueillement le merveilleux effet.
Ces lieux font oublier à mon âme souffrante
Le triste souvenir de la plus chère amante,
Chère, et de qui pourtant la funeste rigueur

Blessa le chaste amour qui régnait dans mon cœur.
Jeune et belle à vingt ans, vierge d'expérience
Elle ne connut point de cet amour immense
Tout le prix ! Il fallait à ses esprits légers,
Des *Jocondes* pervers aux serments mensongers :
De ces aventuriers dont les coupables flammes
Ont toujours dans leur fin des résultats infâmes ;
Et dont les vains propos, le langage flatteur,
De leur honteux projets sont l'appât séducteur.
Moi, l'amant dévoué, moi, l'ami de cet ange,
De qui la blanche robe allait toucher la fange,
Et dont j'aurais voulu par l'hymen le plus doux
Devenir le gardien, le conducteur, l'époux !...
Mais l'ingrate jamais n'a semblé se soumettre
A cet amour ardent que je lui fis connaître ;
Ma noble passion, sous ses puissants attraits
N'obtint que le mépris et les tourments secrets.
Accablé sous le poids de cette indifférence,
Je n'éprouvais qu'ennui, que dépit, que souffrance,
Afin de l'oublier, depuis trois ans entiers,
J'habite d'un désert les sinistres sentiers.
Et ma félicité dans cette humble retraite
S'accroît de jour en jour ; si, d'une paix parfaite
Je parviens à goûter l'ineffable douceur
Je bénirai le Dieu qui m'en fait la faveur.

(.........Un moment de silence.........)

Du soleil bienfaisant la céleste lumière,
Touche à l'heure qu'il est au bout de sa carrière ;
La nuit, d'un pas pressé parcourant l'horizon
Hâte chez les mortels l'instant de l'oraison.

(Un orage s'annonce.)

Quel changement dans l'air, la foudre au loin résonne,
La nuit pour le piéton ne sera guère bonne...
Si l'orage surprend le pauvre voyageur,
Qu'il vienne ici, ma porte est ouverte au malheur ;
Les fruits de ce désert, sauvage nourriture,
Qu'arrose de ses eaux la source la plus pure,
Aussitôt avec soin lui seront présentés...

(Il promène ses regards autour de l'horizon.)

Le vent mugit partout, les bois sont agités.
Je m'effraie, oh ! mon Dieu ! quel sinistre, quel râle...
L'arbre plie et se rompt, l'éclair par intervalle
De son feu redoublé m'éblouit, et le vent
Me jette avec horreur pluie et grêle au devant.
De l'être Tout-Puissant, quand surgit la colère,
Prier dévotement, c'est tout ce que peut faire (*Il s'agenouille.*)
Un pauvre solitaire ici-bas recueilli ;
Lorsque dans ce désert mon bras aura vieilli,
Moins timide et plus ferme, à la voix des orages
Il saura résister, et l'effet des ravages
Jetant moins dans mes sens les transes, la frayeur,
Me fera rechercher les pas du voyageur.

(L'orage agit avec violence, les éclairs brillant par intervalle
illuminent la scène et laissent voir l'acteur dans une attitude de recueillement et de prière.)

SCÈNE DEUXIÈME.

ANGÉLINE dans le fond du théâtre.

Mon Dieu, guidez mes pas ; ciel, éclairez ma route ;
Je ne sais où je suis, je marche dans le doute ;
La crainte me retient, les horreurs de la nuit
Me glacent d'épouvante et la peur me poursuit.
Mon courage fléchit, les forces me trahissent,
Ah ! je m'aperçois bien que les dieux me haïssent,
Que je marche à tâtons vers un funeste écueil ;
C'est ici que la faux a creusé mon cercueil.
Si ce n'était l'éclair, une nature sombre
Se plairait ici-bas à m'égarer dans l'ombre,
L'orage avec fureur m'apportant ses torrents
Achèvent de tuer mes membres expirants.
Un vent froid, glacial, un horrible tempête
Sont venus tout à coup s'arrêter sur ma tête ;
Et dans ce bruit confus, l'horloge du trépas
Semble frapper mon heure et vibrer sous mes pas.

..........(En ce moment les éclairs redoublent.)..........

..... Que vois-je ? une cabane !... Un saint anachorète !...
Mes pieds foulent le sol d'une obscure retraite ?...
Le ciel a donc placé sur ce triste chemin
Un mortel généreux pour me tendre la main ?...
C'est un homme de Dieu, son âme est en prière,
Ne l'interrompons pas, laissons, laissons-lui faire
Sa mentale oraison, vrai secours du mortel,
Sans doute il daignera de son modeste autel
S'intéresser à moi, prendre part à ma peine,
Et diriger les pas de ma marche incertaine,

Il ne laissera pas errant dans ce désert
Un triste voyageur qui pleure et qui se perd...
Sans cet asile heureux la nuit la plus obscure
Que n'ait jamais produit la bizarre nature
Allait m'ensevelir dans son gouffre bruni ,
Ah ! de cette faveur que le ciel soit béni ;
Et qu'il daigne inspirer à ce saint personnage
Un cordial accueil, un généreux suffrage...
Sa prière est finie... Il vient...

EDVIN.

                    Qu'ai-je entendu ?
La voix, les pas tremblants d'un voyageur perdu !...
Ah ! qui que vous soyez, approchez ma demeure ;
Passants, elle est pour vous disponible à toute heure.

ANGÉLINE, s'approchant avec timidité.

Surpris par la nuit sombre en ce désert affreux
J'ai porté jusqu'ici mes pas aventureux ,
Et troublé par son bruit la fervente prière
Que vous faisiez, tout bas, à genoux sur la pierre.
Pardonnez cette offense, et croyez que c'est Dieu ,
Qui m'a conduit lui-même en ce paisible lieu,

EDVIN.

Oh ! que je m'applaudis de recevoir un hôte
Auquel la Providence a servi de pilote ;
J'en rends grâce au Très-Haut, une telle faveur
Est un bien pour mon âme, un plaisir pour mon cœur....
Des éclairs redoublés l'obligeante lumière ,
A donc pu vous montrer mon obscure chaumière.

ANGÉLINE.

Sous ces feux redoutés je marchais sans rien voir
Et n'avais pour soutien qu'un bien léger espoir.
Mais, d'un ange touché, la bonté souveraine
Éclairant mon chemin s'occupait de ma peine :
L'asile hospitalier que je rencontre ici ,
M'en donne l'assurance ;

EDVIN.

Et je le crois aussi.
Eh bien ! cesse tes pleurs, suis-moi dans ma cabane ;
Là je pourrai t'offrir pour succulante manne
Quelques fruits, de l'eau claire, excellente boisson ;
Ici, les mets friands ne sont point de saison....
Mais attends, je vais seul les chercher... Prends ta place
Sur ce banc que voici... pose-là ta besace.

(Il sort.)

(Angéline dépose son bâton et son sac de voyage sur un banc de
pierre, s'assied , et là, se livrant à diverses réflexions, elle dit avec
une certaine lenteur le monologue suivant.)

SCÈNE TROISIÈME.

ANGÉLINE seule.

Pour protéger mes jours, les sauver du trépas,
Ai-je un ange qui veille et s'attache à mes pas?...
Un conducteur céleste, un esprit salutaire?...
Où suis-je donc enfin? en quel lieu de la terre
Ce banc hospitalier a-t-il été construit;
Quel doigt mystérieux, quel présage fortuit
Me fait sans nul pilote aborder une plage
Où je puis me soustraire aux horreurs du naufrage?...
Semblable au frêle esquif sur l'abîme des mers
Sans voile ni boussole, au milieu des déserts
Océan périlleux, je flottais dans le doute
Quand tout à coup je trouve un phare sur ma route?...
Un généreux ermite, un serviteur de Dieu,
Est le mortel choisi qui réside en ce lieu;
La paix est dans son cœur, les traits de son visage,
De l'homme bienfaisant me retracent l'image;
Des sublimes vertus la majesté le suit,
Complaisant pour tout autre et sévère pour lui.
Oui, je le dis bien haut : sa bonté m'édifie;
Faut-il, mon Dieu, faut-il que mon cœur lui confie
L'histoire de ses maux, celle de ses douleurs,
A mes yeux dévorés par le nombre des pleurs,
A l'habit qui me couvre, à ma plainte importune
Il jugera bientôt de ma double infortune.
Ses doucereux regards, son vénérable aspect,
Si dignes à la fois d'amour et de respect,
Semblent me garantir la flatteuse espérance
De retrouver ici la fin de ma souffrance;

Une secrète voix semble dire à mon cœur
Que bientôt je verrai !... Mais non... c'est une erreur,
Une folle pensée, un décevant fantôme
Qui s'échappe aussitôt... voici venir cet homme,
De qui l'amitié chaste et l'esprit consolant
Viennent me présenter un repas succulant.

SCÈNE QUATRIÈME.

EDVIN ET ANGÉLINE.

EDVIN entre, un panier à la main et se dispose à régaler son hôte.

Maintenant affranchi des ombres ténébreuses,
Cesse de t'abîmer dans des craintes affreuses ;
Fais trève à tes soucis, qu'un instant ta douleur
Se concentre, mon fils, dans le fond de ton cœur ;
Pour toi j'ai recueilli quelque chose qui·vaille ;...
Goûte ces fruits... après il est un lit de paille
Au fond de ma chaumière où tranquille et dispos
Tu pourras sans rien craindre éprouver du repos.
Et pendant que je t'offre ici sur cette table
Un repas précieux, quoique peu délectable,
Enfant, sans en rougir daigne me dire hélas !
L'histoire des malheurs, dont ton cœur semble las.
Ne considère pas, d'un pauvre anachorète,
En semblable moment l'exigence indiscrète ;
C'est dans ton intérêt, je vois couler tes pleurs,
Et je voudrais trouver un baume à tes douleurs.

ANGÉLINE.

Je le voudrais aussi, mais de tristes pensées
Qui ne seront jamais de mon cœur effacées,
La nuit comme le jour me laissent sans repos...
Mon père, dois-je ici m'indigner de ces maux ?...

EDVIN.

Supportes-les, mon fils, sans plainte et sans murmure,
Qu'un esprit résigné soit ta puissante armure,
Le monde est un calvaire où chacun, tu le vois,
Porte en le gravissant sa douloureuse croix !

ANGÉLINE.

Oh ! la mienne est pesante, incomparable, immense,
Je fléchis sous son faix, ah ! puisse l'espérance
En alléger le poids, qu'un heureux résultat
Me couronne au sommet d'un pareil Golgotha.

EDVIN.

Lorsqu'au vrai repentir le pêcheur se prépare
De toute iniquité son esprit se sépare ;
Il n'est aucun larcin au mortel repentant
Qui ne lui soit remis ; écoute, mon enfant,
Dans le cœur d'un ami dépose ta souffrance,
Je la partagerai, la docte expérience
Que j'ai su retirer de chez le genre humain,
Pourra, du vrai bonheur, te frayer le chemin.
Qui t'a donc obligé de quitter ta patrie ?
Sont-ce les résultats d'une amitié trahie ?...
A ton âge, mon fils, un amour dédaigné,
Semblerait, selon moi, t'en avoir éloigné,
Si j'ai deviné juste, ah ! dissipe ces songes !
Va, l'amour, l'amitié, ne sont que des mensonges ;

Le plus fidèle ami, le fût-il en tout temps ?...
Non ! non, cette vertu n'a que quelques instants.
Il n'est de vrais amants que chez les tourterelles,
Le sexe, mon enfant, cet essaim de cruelles,
N'offre qu'un monde ingrat, dangereux, inconstant,
Voluptueux, trompeur !... Tu pleures, mon enfant ?
Juge par tes ennuis ce que c'est que la vie,
Une chaîne de maux de mille autre suivie,
Un banquet misérable où l'hôte convié
Ne peut être un instant du vrai sage envié ;
Misérable séjour où tout bonheur succombe,
Où l'opprobre excepté triomphe de la tombe ;
La vie, enfant, c'est l'homme ! Et l'homme est ici-bas
Ce que l'homme souvent ne considère pas.
Dieu seul est bon, clément, généreux, équitable.
Éternel, tout-puissant, juste, fort, redoutable,
Sa divine grandeur a droit à notre amour,
Mais tu pleures, mon fils, quel est donc ce retour ?
Ces mots te font frémir ! *(à part)* Singulière aventure.....
Si j'ai bien remarqué les traits de sa figure.....
Ses gracieux contours..... Sa délicate main.....

ANGÉLINE, avec embarras.

Ah ! veuillez, s'il vous plaît, n'exiger que demain
Le douloureux récit de ma touchante histoire ;
Ayant à rappeler à ma faible mémoire
Des souvenirs confus, j'ose ici vous prier...

EDVIN à part, considérant son hôte.

Sa voix me le confirme et je puis m'y fier !...

Considérons-le bien... Étonnante surprise...
Plus de doute ; il attend que ma voix le lui dise,
L'embarras le tourmente, il tient ses yeux baissés ;
Je souffre de sa peine *(haut)* Ah ! pauvre enfant cessez
De garder à mes yeux cette triste attitude ,
La douleur qui vous suit est-elle donc bien rude ?

ANGÉLINE.

Elle est affreuse, immense, et s'il est un secours
C'est celui de la voir finir avec mes jours. *(A part.)*
Ciel, ne révélez pas au cœur de ce saint homme
Le secret qui m'accable ! Ah ! plutôt voyez comme
Le penser d'un aveu que redoute le mien
Me fait craindre un moment ce pénible entretien.

EDVIN.

Ne dissimulez plus, c'est en vain que vos larmes
Chercheraient plus longtemps à recéler vos charmes ;
Votre sexe est connu, vous êtes femme !

ANGÉLINE.

                                        Dieu !
... Oui !!!... Ma triste présence insulte à ce saint lieu !

EDVIN.

Mais non, croyez plutôt que la bonté suprème
D'un Dieu, dans ce séjour, vous conduit elle-même ,
Espérez en sa gloire, ayez confiance en lui ,
N'est-il pas des mortels le soutien et l'appui ?

ANGÉLINE.

Peignez-moi ce bon maître et que votre sagesse
Ait, en me contemplant, pitié de ma détresse,
Que devant vos vertus mes écarts vicieux
Obtiennent en ce jour la clémence des cieux.
Que votre probité plaigne la destinée
D'une fille coupable et bien infortunée,
Qui, loin de consacrer aux vertus ses beaux jours,
Se fit le fol jouet des profanes amours.
Oui, je connus trop tard l'esprit de ce vain monde
Chez qui le vice brille et l'imposture abonde,
Trop tard, c'en était fait, il ne me resta plus,
Qu'à pleurer sur ma faute et sur mes jours perdus.

EDVIN.

Ne désespérez pas, le repentir sincère
Qui surgit de l'aveu que vous venez de faire,
De votre faute, enfant, proclame le pardon,
Qu'un sentiment pareil ait tout votre abandon ;
Sans crainte d'en rougir, achevez votre histoire,
J'aime à vous écouter; puis il est une gloire
Dans l'aveu de ses torts, car toujours le Seigneur,
Voit dans le repentir la vertu du pêcheur.

ANGÉLINE.

Ce n'était qu'aux attraits à mes funestes charmes
Que des amants trompeurs, beaux de menteuses larmes
Vinrent plus d'une fois prodiguer leurs discours
A l'aide corrupteur des plus fausses amours.

Je croyais entrevoir un avenir sublime
Lorsque j'avais déjà les deux pieds sur l'abîme,
Parce que le dessein qui savait m'animer
N'était que l'art de plaire et non l'ardeur d'aimer.

EDVIN.

A tout galant venu vous faisiez bonne grâce ;
Ainsi dans votre cœur chacun trouvait sa place ;
Et qu'en résulte-t-il ? Malheureuse, aujourd'hui,
De ces folles erreurs considérez le fruit ,
Voyez dans quel état vous vous êtes réduite ,
Et qui sait de vos maux qu'elle en sera la suite.

ANGÉLINE.

L'ardeur de satisfaire en tout ma volonté,
L'esprit de nonchalance et de légèreté ,
L'amour des bals, l'orgueil, la volupté, l'envie ,
Furent les seuls démons qui guidèrent ma vie ;
Jeune et belle en ces temps, mes yeux ne voyaient pas
Le précipice affreux entr'ouvert sous mes pas ;
Fière de ma beauté, confiante, crédule,
Je ne m'aperçus point de ce vil ridicule
Dont je devins l'objet.

EDVIN.

Ainsi la vanité
A fait votre malheur.

ANGÉLINE.

Je l'ai bien mérité.

EDVIN.

Que la leçon vous serve et que l'expérience,
Corrige vos erreurs en cette circonstance ;
Le monde est attrayant, il sait plaire, charmer,
Mais il faut le connaître avant que de l'aimer,
Discerner avec soin tant de gracieux vices
Qu'il sait faire accepter sous des couleurs factices.
Dites-moi, chère enfant, ne dissimulez pas,
Ne serait-ce point l'or, ce métal plein d'appas
Qui vous tint sous l'effet de sa mâle influence ?...

ANGÉLINE.

J'étais loin d'aspirer à cette préférence ;
D'une riche cité, mon père, chef puissant,
Voyait en moi son seul et précieux enfant,
Quoi donc pouvait alors manquer à ma toilette ?
Rien ! si j'ai de mes pas troublé votre retraite
Sous les tristes haillons d'un pauvre voyageur,
C'était pour dérober mon sexe et ma douleur.
Si dans mon désespoir j'avais l'audace infâme
De courir les déserts sous un habit de femme,
Quel scandale à vos yeux, quelle triste pitié
Aurait de mon malheur votre chaste amitié ?

EDVIN.

Dans des lieux couronnés par les plus sombres nues,
A travers les chemins, les routes inconnues,
Qui donc vous fait marcher ? Quels devoirs importants
Vous forcent à braver la fureur des autans ?

Heurter à chaque pas les ronces, les épines,
Gravir des monts affreux, des rochers, des collines.

ANGÉLINE.

C'est la recherche, hélas ! d'un amant malheureux
Qui m'avait prodigué les serments et les vœux,
Un ange qui m'aimait d'un amour si sincère
Qu'on ne l'eût point dit être un amour de la terre,
Mais un amour sublime, une divine ardeur
Que l'éternel lui-même avait mis dans son cœur.
Mon criminel mépris seul a causé sa perte,
Il partit, loin de moi quelque forêt déserte
L'aura vu succomber; que ne puis-je à mon tour,
Comme il est mort pour moi, mourir pour son amour.
Il était si constant, jamais pareille flamme
Pour verser l'amitié ne s'échappa d'une âme ;
L'aurore d'un beau jour, le parfum de la fleur
Sont moins purs que l'amour qu'il portait dans son cœur.
Maintenant qu'il n'est plus, nuit et jour je le pleure;
Si je pouvais du moins rencontrer sa demeure !...
Je la cherche partout !... partout je dis son nom !
A ma plaintive voix nul écho ne répond.
Parfois sous le rideau d'une triste nature
Son ombre m'apparaît ! Et puis son froid murmure
Me dit en s'éloignant : « Ingrate, c'est en vain
« Que tu cherches partout ton malheureux Edvin !
« Ta rigueur l'a tué, son cœur ne peut t'entendre,
« Cruelle, en ce moment, tu marches sur sa cendre,
« Sa poudre en ce désert se rattache à ton pied !...
« Son spectre te poursuit ! le vois-tu ? Dieu, pitié !! »
S'il gît près de ces lieux, ciel montrez-moi sa tombe...
Soutenez ma faiblesse, ermite, je succombe.

Dans un sommeil de mort que ne puis-je soudain
Me livrer tout entière; oh ! funeste destin !

EDVIN à part, avec étonnement.

Edvin ? mais c'est mon nom ! Et que vois-je ? c'est elle...
Angéline ! Elle ici... Tout mon être chancelle...
Je ne puis concevoir... Dieu, donnez à mon cœur
La force de cacher sa subite terreur.
Pour un corps affaibli, redoutable surprise !...
Dans quel état fâcheux le repentir l'a mise.

ANGÉLINE, reprenant ses sens.

Edvin, où donc es-tu ? Dis-moi, dis-moi le lieu
Où tu fis à la vie un éternel adieu ,
J'irai me joindre à toi, m'entends-tu ?... Solitaire,
Je me meurs dans vos bras,

EDVIN, cachant sa terreur, autant que possible.

Relevez-vous, ma chère ;
Par Dieu, ce noble amant, si pur , si regretté
Peut vous être rendu, croyez en sa bonté.

ANGÉLINE.

Trompeuse illusion ! mon cœur n'en est pas digne.

EDVIN.

Son repentir est grand.

ANGÉLINE.

Mais sa faute est insigne !
Et la miséricorde, à son délit honteux
Ne peut venir en aide

EDVIN.

Hélas ! connaissez mieux
Jusqu'où va du Seigneur l'ineffable clémence ;
S'il ouvrait seulement son cœur à l'innocence
Que deviendrait alors le reste des humains ?
Les pècheurs repentants sont ses chers Benjamins,
Ne désespérez point, enfant, croyez encore
Voir l'amant malheureux que votre cœur implore.

ANGÉLINE.

Je ne dois point y croire, il est trop loin de moi ;
De mon triste destin je subirai la loi ;
L'espoir de le trouver n'est pas ce qui m'abuse ;
Il est juste d'ailleurs que le ciel se refuse
A combler mes désirs ; trop coupable envers lui ,
Sa bonté ne doit pas m'exaucer aujourd'hui.
Je ne mérite point qu'un instant sa présence
Vienne apporter le calme à ma triste souffrance ,
L'ayant tant outragé, non, non, je ne dois pas
Savoir en quel désert il a porté ses pas.
A l'exemple touchant du Juif de l'Évangile ,
Ma recherche ici-bas devient fort inutile ;
Il a marché pour moi, je dois marcher pour lui ,
C'est le sort que le ciel me destine aujourd'hui.

Pour le chercher en vain je gravirai le monde,
Je franchirai des mers l'immensité profonde
Sans murmurer un mot, sans me plaindre jamais ;..
Hélas ! de cet amant je vois toujours les traits ;
Je ne puis de mon cœur en effacer l'image
Je vais pour le chercher, sur un autre rivage,
Porter dès ce moment mes pas audacieux.

      (Elle va pour sortir, Edvin la retient

EDVIN, avec émotion.

Ah ! ne le cherche plus, il est devant tes yeux !
C'est Edvin qui te parle, oh ! ma chère Angéline !
Reconnais maintenant...

ANGÉLINE.

      Providence divine !
Edvin sous cet habit ! infortuné, c'est toi
Qui vient de prononcer mon nom ! Sublime effroi !...
Suis-je bien éveillée?... Hélas ! si c'est un songe,
Que je bénis l'effet d'un semblable mensonge...
C'est bien lui... c'est sa voix... douce réalité,
Mes sens ne dorment point, non c'est la vérité !
Rencontre inattendue, oh ! faveur sans pareille,
C'est bien la voix d'Edvin qui vibre à mon oreille ;
Il est devant mes yeux, je le vois, et pourtant
Mon amour doute encor du bonheur qui l'attend.
La joie a ses terreurs, la crainte ses alarmes ;
Douces émotions, moment rempli de charmes,
L'ange qui me parlait en prenant mon repas,
C'était lui, mon Edvin, que je ne voyais pas.

Dissipe , disait-il , tes ennuis et ta crainte ,
Le pardon de ta faute est écrit dans ta plainte ;
On eut dit en parlant qu'il cachait dans sa main
Le décret favorable à mon triste destin.

EDVIN.

Loin de toi j'ai vieilli , n'est-ce pas ? La tristesse
Eut bientôt dévoré l'éclat de ma jeunesse ;
Ah ! ne t'étonne point si dans ces tristes lieux
Ma présence se montre équivoque à tes yeux ;
Mes pleurs, dans ce séjour, mes nuits, ma vie austère,
Eurent bientôt rendu ma tête octogénaire.

ANGÉLINE.

Si les noms d'Angéline articulés par toi
N'eussent de ta présence autorisé la foi,
Je n'aurais cru jamais qu'ici ta main chérie
Devait fermer ma tombe et rappeler ma vie ,
Mais, à mon tour, je veux qu'une autre vérité
Se confirme en jetant mon manteau de côté.

(Elle se sépare du manteau qui la couvre et se montre sous le cos-
tume dont Edvin avait eu l'habitude de la voir.)

EDVIN, dans l'admiration.

Ah ! je te reconnais, idole de mon âme ,
Tes traits n'ont rien perdu de leur beauté de femme ;
Dans un riche transport laisse donc à mon tour
Bénir l'heureux moment d'un semblable retour.

Merci, mon Dieu, merci, de me l'avoir rendue, (Avec attendrissement.)
L'étoile de ma vie est enfin descendue ;
Elle emplit les détours de ce vaste désert,
Son éclat lumineux en a brillanté l'air. (A Angéline.)
Si je ne t'offre plus ce jeune et beau visage
Que je portais jadis, j'ai du moins l'avantage
Que mon peu de vertu, ma bonté, mon amour
Ne m'ont point délaissé.

ANGÉLINE.

Si j'eusse de retour
Payé d'un tendre accueil ta vertu généreuse ,
Angéline n'eut point vécu si malheureuse ;
Oublions ces pensers, et lorsque je te tiens
Sous l'humble vêtement des serviteurs chrétiens ,
Pardonne volontiers à mon indifférence ,
L'insulte qu'elle fit à ton amour immense ;
Pardonne-là, te dis-je, et daigne en ce beau jour ,
Par un nouvel aveu m'offrir le même amour.

EDVIN.

Dans ce séjour d'exil , (bien haut je le confesse),
Si malgré la vertu qui m'a suivi sans cesse
J'ai pu, d'un cœur blessé te conserver la foi,
C'est qu'en secret le ciel veillait toujours sur moi ;
Je cherchais à bannir du fond de ma mémoire
Tes noms, ton souvenir, ton odieuse histoire ;
Vains efforts, ta beauté présente à mes esprits
Suivait mon désespoir avec bien plus de prix.

Maintenant, je suis fier de la persévérance
Que j'ai mise à garder ta chère souvenance,
Parce que les remords de ton égarement,
Témoignent de ton cœur le plus beau sentiment.

ANGÉLINE, avec reconnaissance.

A vos pieds prosternés, Maître des destinées,
Vous dont la main bénit les chastes hyménées ;
D'un couple infortuné que l'amour fit martyr
Veuillez donc exaucer les vœux et le désir.
De l'éternel séjour où brille votre trône,
Faites tomber sur lui la mystique couronne,
Que le jour qui va poindre à l'horizon des cieux
Soit pour lui le plus riche et le plus glorieux.
Pour le combler ainsi d'un bonheur sans nuage
Vous lui fîtes du monde essayer le breuvage,
Il a bu jusqu'au bord et sa triste saveur
De la félicité détruisit la faveur.

EDVIN.

Goûtons-la maintenant, elle nous est donnée,
Telle est de nos deux cœurs l'heureuse destinée,
La sagesse d'un Dieu, loin d'un monde jaloux
Va nous gratifier du beau titre d'époux !
Sur nos deux fronts pâlis, il va poser lui-même
Le sceau de la vertu, l'éclatant diadème,
Récompensant ainsi dans sa toute bonté
Le repentir sincère et la fidélité !

ANGÉLINE.

Aussi, vivant heureux dans une paix profonde
Où ne surgissent pas les tempêtes du monde,
Ignorés des humains, je veux dans ce séjour,
Témoigner à ton cœur tout ce que j'ai d'amour,
T'adorer, te chérir, te chérir sans partage,
Ne dire que ton nom, ne voir que ton image,
Parler de toi sans cesse et te faire oublier
Les tourments sous lesquels ta vertu sut plier
N'avoir pour tout trésor sur cette terre étrange
Que la possession de ton regard, mon ange;
Faire, dans ce désert par nous seul habité,
De ton être sublime une divinité !
Lui consacrer un culte, une amitié céleste,
Un amour éternel, s'il faut que je proteste
En parole de feu ce généreux retour
Que mon âme prétend te prouver en ce jour,
Je dirai s'il le faut..... (Elle chancelle.) Quel est donc ce prodige ?
Je faiblis....

EDVIN.

Ciel ! qu'as-tu?

ANGÉLINE.

Je ne sais quel vertige,
Sans doute la fatigue appesantit mon corps,
Mon bonheur qui se mêle à de tardifs remords...

EDVIN.

Remets-toi, du courage, entre dans ma chaumière.

ANGÉLINE, voulant se lever.

Je ne puis, car déjà s'obscurcit la lumière.

EDVIN.

Noble épouse, Angéline, ah ! bannis cet effroi,
Cet éblouissement ne provient que du froid ,
Viens, oh ! viens dans mes bras, m'entends-tu, chère amie.

ANGÉLINE.

Tendre Edvin, je me meurs... C'en est fait de ma vie...
Par ce prompt changement tout mon être éprouvé
Se perd dans le néant, après t'avoir trouvé.
Mes yeux se sont fermés... Tout échappe à ma vue...
Le sol manque à mes pieds !..

EDVIN.

         Catastrophe imprévue !
Malheur inattendu, douloureux entretien !...
Quoi ! mon sublime amour, en s'unissant au sien ,
Craignait de contracter un pacte illégitime ;
Pardonne à cette erreur, douloureuse victime ,

Sous un vrai repentir, l'angoisse, le remord,
Préparaient sous mes yeux ta glorieuse mort ;
Oui ! glorieuse, hélas ! car j'ai le droit de dire,
Que ton retour vers moi n'a fait qu'une martyre.

ANGÉLINE, avec l'accent de la mort.

Viens, que je te bénisse... expirant dans tes bras,
Ma mort est sans horreur... Adieu.... (*Elle expire.*)

EDVIN, accablé de douleur.

                                    Cruel trépas !!!...
Morte, morte en mes bras, ce n'est plus qu'un cadavre !..
Oh ! destin rigoureux... d'effroi mon cœur se navre ;
Angéline !... Au retour de son égarement,
Devait-elle mourir ? Oh ! terrible moment !
Pourquoi nous séparer, quand l'hymen le plus tendre,
Allait combler nos vœux sans plus se faire attendre ?
A l'instant, dis-je, hélas ! où nos cœurs tant battus
Recevaient en ces lieux le prix de leurs vertus.
Après mille combats subis au fond de l'âme,
Soupirs, larmes, sanglots, et ta recherche, femme !
Ton héroïque ardeur, tes courses, tes remords,
Ton martyre secret, magnanimes efforts,
Tes pas aventurés pendant la nuit obscure,
Livrés à mille écueils semés dans la nature ;
Monts, rochers, bois, torrents, précipices affreux,
Vents, tempêtes, frimas, mélange désastreux !..:
Ma force s'affaiblit, mon courage succombe,
Je n'aurais pas longtemps à pleurer sur ta tombe ;

Si malgré la douleur que j'éprouve, les cieux,
Commettent à mes soins tes restes précieux,
Si je dois à ton corps donner la sépulture,
Et pleurer sur ta croix, oh ! destin, oh ! nature,
A ce dernier devoir me vouant volontiers,
Je vais pour t'inhumer, non loin de ces sentiers
Creuser avec douleur, ta couche ténébreuse,
Triste et sublime effort d'une main généreuse ;
Et quand le voyageur écarté des chemins
Fréquentés par le bruit et le pas des humains,
Égaré dans ces lieux découvrira mon gîte,
Je veux qu'en m'apportant sa pieuse visite,
Il contemple ta tombe, et que sur ses parois,
Sa prière se mêle aux sanglots de ma voix.

(Il s'agenouille et le rideau tombe.)

FIN.

Toulon. — Imprimerie Vᵉ Baume, rue Neuve, 20.

www.ingramcontent.com/pod-product-compliance
Lightning Source LLC
Chambersburg PA
CBHW060814280326
41934CB00010B/2679